FIESTAS

Navidad

WITHDRAWN

Nancy Dickmann

Heinemann Library
Chicago, Illinois

www.heinemannraintree.com
Visit our website to find out more information about Heinemann-Raintree books.

To order:
☎ Phone 888-454-2279
🖥 Visit www.heinemannraintree.com to browse our catalog and order online.

Edited by Sian Smith, Nancy Dickmann, and Rebecca Rissman
Designed by Steve Mead
Picture research by Elizabeth Alexander
Production by Victoria Fitzgerald
Originated by Capstone Global Library Ltd
Printed and bound in China by South China Printing Company Ltd
Translation into Spanish by DoubleOPublishing Services

The content consultant was Richard Aubrey. Richard is a teacher of Religious Education with a particular interest in Philosophy for Children.

14 13 12 11 10
10 9 8 7 6 5 4 3 2 1

Library of Congress Cataloging-in-Publication Data
Dickmann, Nancy.
Navidad / Nancy Dickmann.
p. cm.—(Fiestas)
Includes bibliographical references and index.
Text in English and Spanish.
ISBN 978-1-4329-5377-5 (hc)—ISBN 978-1-4329-5396-6 (pb)
1. Christmas. I. Title.
BV45.D55 2011
394.2663—dc22   2010034148

Acknowledgments
We would like to thank the following for permission to reproduce photographs: Alamy pp. **5** (© i love images), **8** (© World Religions Photo Library), **9** (© LHB Photo), **12**, **20** (© Image Source), **15**, **23 top** (© Adrian Sherratt), **21** (© Frances Roberts), **23 bottom** (© World Religions Photo Library); Corbis pp. **6** (© The Gallery Collection), **7** (© Lebrecht Music & Arts), **19** (© Larry Williams); Getty Images pp. **4** (Thinkstock), **10**, **23 middle** (Yellow Dog Productions/The Image Bank), **11** (Cameron Spencer), **13** (Romeo Gacad/AFP), **16** (Peter Dazeley/Photodisc), **18** (Heinrich van den Berg); On Asia Images p. **14** (Lu Guang); Shutterstock pp. **17** (© Monkey Business Images), **22 top left** (© bhathaway), **22 top right** (© Doremi), **22 bottom left** (© Jurand), **bottom right** (© carballo).

Front cover photograph of nativity scene reproduced with permission of iStockphoto (© Lisa Thornberg). Back cover photograph reproduced with permission of Alamy (© Adrian Sherratt).

We would like to thank Diana Bentley, Dee Reid, Nancy Harris, and Richard Aubrey for their invaluable help in the preparation of this book.

Every effort has been made to contact copyright holders of any material reproduced in this book. Any omissions will be rectified in subsequent printings if notice is given to the publisher.

Contenido

¿Qué es una fiesta?

Una fiesta es una ocasión en que las personas se reúnen para celebrar.

Los cristianos celebran la Navidad el
25 de diciembre.

La historia de la Navidad

Jesús

Hace mucho tiempo nació un
bebé llamado Jesús.

Los padres de Jesús no tenían dónde alojarse.

Jesús nació en un establo.

Los cristianos creen que era el hijo de Dios.

Celebrar la Navidad actualmente

En Navidad los cristianos celebran el nacimiento de Jesús.

La gente celebra la Navidad de diferentes maneras.

Algunas personas cuelgan adornos.

Algunas personas tienen un árbol de Navidad.

Algunas personas van a la iglesia.

Algunas personas cantan villancicos.

Algunas personas envían
tarjetas navideñas.

Algunas personas se reúnen y comparten una comida especial.

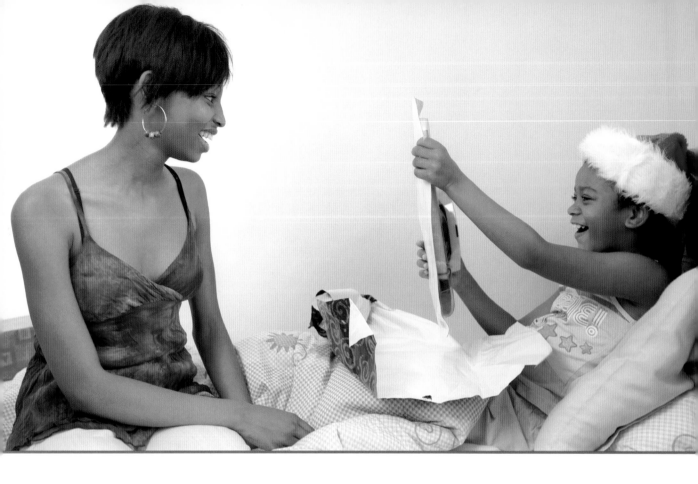

Algunas personas dan regalos.

Papá Noel

Algunas personas creen que Papá Noel les trae regalos.

La Navidad es una época para
ser amable.

La Navidad es una época para
ser generoso.

Buscar y ver

árbol de Navidad

Papá Noel

Jesús

estrella

¿Has visto estas cosas? Hacen que las personas piensen en la Navidad.

Glosario ilustrado

 **villancico** canción especial que se canta en las fiestas

 **cristianos** personas que siguen las enseñanzas de Jesús

 **establo** edificio donde viven los animales

Índice

Nota a padres y maestros
Antes de leer
Pregunte a los niños si saben qué son las fiestas. ¿Pueden nombrar algunas fiestas que celebren con sus familias? Hable sobre los cumpleaños y por qué se festejan. ¿Cómo celebran su propio cumpleaños? Los cristianos, quienes siguen la religión del cristianismo, celebran el nacimiento de Jesús en Navidad. Algunos niños de familias que no son cristianas o no son religiosas también pueden celebrar la Navidad de manera laica.

Después de leer
• Reúna una selección de tarjetas navideñas, tanto religiosas como laicas. Pida a los niños que observen los símbolos y los adornos que se usaron. ¿Qué aspectos de la Navidad creen que representa cada uno? Ayude a los niños a diseñar sus propias tarjetas navideñas.

• Explique que el Adviento es el tiempo de preparación para celebrar el nacimiento de Jesús y dura unas cuatro semanas. El nombre proviene del latín "adventus", que significa "llegada". Hable sobre las maneras en que las personas celebran el Adviento, como prender velas o llevar calendarios de Adviento. Ayude a los niños a hacer una Corona de Adviento.

• Comente la idea de que algunos de los regalos más preciados no son objetos, sino regalos de tiempo y amor. Pida a los niños que piensen en "regalos invisibles" para sus familiares y amigos. Sugiéreles algunas ideas, como compartir su juguete favorito, ayudar con las tareas del hogar o hacer juntos una actividad preferida. Ayude a los niños a hacer "vales de regalo" personalizados para entregarlos a familiares y amigos.